Das Kochbuch «Mais in der Küche» wurde in Zusammenarbeit mit dem Verein Linthmais erarbeitet und herausgegeben.

Wir möchten Ihnen die vielfältigen Verwendungsmöglichkeiten des Linthmais näher bringen und haben deshalb traditionelle Rezepte gesammelt und neue kreiert.

Der Linthmais

Um 1700 wurde in der Linthebene erstmals Mais angepflanzt. Daraus entstand eine eigene Sorte, der Linthmais. Dieser geriet in den letzten Jahrzehnten fast in Vergessenheit. Heute findet er wieder Verwendung in vielen regionalen Spezialitäten.

Verein Linthmais

Der Verein Linthmais wurde 2001 gegründet und bezweckt die Erhaltung und Förderung der alten Landsorte Linthmais.

Die Tradition um dieses Kulturgut soll gepflegt und die Wertschöpfung der Linthmais-Produkte erhöht werden. Der Verein Linthmais leistet damit einen wichtigen Beitrag zur Erhaltung und Nutzung von pflanzengenetischen Ressourcen für Ernährung und Landwirtschaft.

Aktivitäten

Der Verein organisiert Exkursionen, Betriebsbesichtigungen, Kochkurse, nimmt an Märkten und Ausstellungen teil und ermöglicht den Genuss von Linthmais-Gerichten z. B. beim alljährlichen Ribeli-Brunch. Jeweils im Herbst lädt der Verein Linthmais zur «Ushülltschetä». Dabei werden die Linthmais-Kolben wie früher an zwei Deckblättern zum Trocknen zusammen gebunden. Im Winter werden dann die Kolben kontrolliert und die besten Körner wieder für das neue Saatgut verwendet.

Wir hoffen, Sie erfreuen sich ebenso an diesem Werk, wie wir es tun und wünschen Ihnen viel Freude mit Mais.

www.linthmais.ch

Erica Bänziger
Verein Linthmais

Mais in der Küche

Linthmais – ein kulinarisches Erbe neu entdeckt

© 2014 Fona Verlag AG, CH-5600 Lenzburg
www.fona.ch

Lektorat
Léonie Schmid

Gestaltung
FonaGrafik, Hiroe Mori

Bilder
Foodbilder: Andreas Thumm
Markus Dlouhy (Seiten 4, 14 bis 22), Beat Ernst
(Seiten 12/13), Christian Bruhin (Seite 124),
MaggiorePix (Seiten 26/27)

Weitere Rezepte von
Erica Bänziger; ohne Seiten 48, 75, 77, 83, 92, 103,
111, 117 (Verein Linthmais), Seiten 55, 64
(Freddy Christandl), Seite 82 (Myriam Clerici),
Seite 109 (Lorenzo und Ilario Garbani-Marcantini),
Seite 114 (Tessa Garbani-Marcantini),
Seite 111 (Aaron Garbani-Marcantini), Seite 121
(Soraya Blumer)

Druck
Offizin Andersen Nexö, Leipzig

ISBN 978-3-03780-560-2

Inhalt

Rezepte

Wo nicht anders vermerkt, sind die Rezepte für 4 Personen berechnet.

Abkürzungen

EL   gestrichener Esslöffel

TL   gestrichener Teelöffel

dl   Deziliter

ml   Milliliter

l   Liter

Msp   Messerspitze

Vom Sterz zum Ribel

Mais und Kartoffeln oder «Woaz» und «Erdäpfel», wie sie in meiner alten Heimat in der Steiermark heißen, liegen mir sehr am Herzen. Anfang des 17. Jahrhunderts haben sie sich zuerst südlich, später auch nördlich der Alpen etabliert.

Der «Türkensterz», die steirische Schwester der Polenta, gehört zu meinen prägendsten kulinarischen Kindheitserinnerungen. Ich war ein kleiner Bube, als meine Großeltern noch ein Winzerhaus hoch oben auf einem südsteirischen Weinberg führten. Ganz traditionell wurde dort im Spätherbst zum Erntedankfest das Hausschwein geschlachtet und ein großer Teil des Specks zu Grammelschmalz (Griebenschmalz) verarbeitet. Tags darauf, am eigentlichen Schlachttag, gab es zuerst immer einen «Bluattommerl» (Blutauflauf). Und in einer mächtigen gusseisernen Pfanne wurde in gleichmäßigen «Achter-Schleifen» die steirische Polenta gerührt, natürlich angereichert mit ein paar gehäuften Esslöffeln Grammelschmalz. Ein unvergesslicher und tief verinnerlichter Hochgenuss!

Als ich später meine Kochlehre begann, war mein Polentakonsum dramatisch eingebrochen, denn keines der Rezepte konnte dem «Sterz» meiner Oma nur annähernd das Wasser reichen.

Erst fast zwei Jahrzehnte nach Beginn meiner gastronomischen Wanderjahre sollte die Einladung zu einem Sonntagsessen auf einem kleinen Weingut am oberen Zürichsee meinen so sehr vermissten Polentageschmack wieder zurückbringen. Eine Polenta aus Linthmais gerührt, der nicht weit weg von den Weinreben wächst, hat mich entzückt. Zum Dessert gab es den für mich unbekannten Ribel – traditionell ebenfalls in Schmalz gebraten –, begleitet von einem wunderbaren Zwetschgenkompott. Was für ein kulinarisches Highlight!

An diesem Festtag wurde mir bewusst, dass ich wieder einen Teil aus meiner Kindheit in meiner neuen Heimat, der Schweiz, gefunden hatte.

Freddy Christandl
Genusstrainer

Der Mais ist «einhäusig», d. h. männliche und weibliche Blüten gedeihen zwar getrennt, aber auf ein und derselben Pflanze. Die männlichen Blüten thronen am Stielende und produzieren große Mengen

von Blütenstaub, etwa vier Millionen Pollenkörper pro Rispe. Der Wind verteilt sie auf die Narben der weiblichen Blüten, die sich im inneren Pflanzenteil an den Stängel schmiegen.

Mais – Getreide der Indianer

Der Mais ist das einzige Getreide, das nicht aus dem Osten, sondern aus dem Westen, aus Amerika, zu uns gekommen ist.

Geschichte

Der Mais war das heilige Korn der Indianer. Ein Mythos der Indianer besagt, dass die Götter den ersten brauchbaren Menschen aus Mais formten, nachdem sich Lehm und Holz als untauglich erwiesen hatten. Der Mais war für die Indianer das wichtigste Grundnahrungsmittel während Jahrtausenden. Und er hat die englischen Siedler auf dem neuen Kontinent vor dem Verhungern bewahrt.

Von den ursprünglichen vielen Tausend Sorten haben nur wenige überlebt. Heute werden weltweit fünf Maissorten in großen Mengen angebaut. Sie sind das Ergebnis von Züchtungen. Die Maiskolben der Mayas waren 8 bis 10 cm lang, heute messen sie 16 cm. Attraktiv sind die ursprünglichen Farben/Sorten. Es gibt weißen, gelben, blauen und roten Mais, analog den vier heiligen Indianerfarben. Farbiger Mais erlebt eine Renaissance und wird vielerorts wieder angebaut und zu Grieß und Mehl verarbeitet.

Grundstein der Agrikultur

Mit der Maiskultur begründeten die Indios den Ackerbau auf dem amerikanischen Kontinent und schufen die Voraussetzung für ihren sagenhaften Reichtum in der präkolumbianischen Zeit. Nach Überlieferung berichtete der Sohn des Seefahrers Christoph Kolumbus von 30 Kilometer langen Plantagen, die mit Mais, Bohnen und Kürbissen bepflanzt gewesen seien. Er soll beobachtet haben, wie die Ureinwohner in jedes Pflanzloch drei Maiskörner steckten.

Die ersten Europäer lernten das goldene Korn 1492 in Kuba kennen. Damals wurden einer spanischen Schiffsbesatzung Maiskolben als Geschenk überreicht. Christoph Kolumbus brachte Maiskörner von seiner ersten Reise in die Neue Welt 1493 nach Europa. Bei den eroberten «Goldkörnern» handelte es sich um kleinkörnigen Puffmais. Das eigentümliche Gewächs, das an Bambus erinnert, blühte bald in den vornehmen Gärten im spanischen Sevilla. Die damaligen Gutbetuchten kultivierten die göttliche Pflanze lediglich zur Zier. Wer es sich leisten konnte, ergatterte die begehrten Samen und gab sie gönnerhaft weiter. So kam es, dass «Welschkorn»

in Mitteleuropa während rund 300 Jahren
als reine Kuriosität in Gärten gedieh.
Erst im 18. Jahrhundert wuchs der Mais als
geschätztes Getreide in den Donauländern.
Die Südeuropäer erkannten dagegen
den wahren Wert des goldenen Korns auf
Anhieb.

Botanik

Der Mais ist eine einjährige Pflanze aus der
Familie der Gräser. Zu dieser Gruppe
gehören alle Getreidearten wie Weizen,
Roggen, Hafer, Hirse und Reis.

Der Mais ist «einhäusig», d.h., männliche
und weibliche Blüten gedeihen zwar
getrennt, aber auf der gleichen Pflanze.
Männliche Blüten sitzen am Stielende
und produzieren große Mengen von
Blütenstaub, etwa vier Millionen Pollen-
körner pro Rispe. Der Wind verteilt
sie auf die Narben der weiblichenBlüten, die
sich im unteren Pflanzenteil befinden.

Maispioniere

Christian Bruhin, Bauer und Wiederentdecker des Linthmaises, Mühle Tuggen

Ich habe die landwirtschaftliche Schule im Rheintal besucht. Damals war auch der Ribelmais ein Thema. Die «Ribeli», ein altes Gericht aus Mais, kannte man auch im Linthgebiet. Im Gespräch mit älteren Bewohnern erfuhr ich, dass es früher die Landmaissorte Linthmais gab, eine eigene, speziell in der Linthebene über Jahrhunderte gezüchtete Sorte. Bis zum Zweiten Weltkrieg pflanzte fast jede Familie in der Linthebene den Linthmais für die Selbstversorgung an. Selbst Nicht-Bauern hatten zumindest einen Pflanzblätz mit ein paar Maispflanzen.

Später ging der Anbau kontinuierlich zurück, bis der Linthmais ganz verschwand. Es gab auch kein Saatgut mehr. Fündig wurde ich letztendlich bei der Genbank von DSP in Dellay, die mir eine Handvoll Maiskörner geben konnte.

Während vier Jahren vermehrte ich die Maiskörner auf dem elterlichen Betrieb. Jedes Jahr konnte eine größere Fläche bepflanzt werden. Im Jahr 2001 waren es 20 Aren. Mit vielen Helfern konnte ich nun zum ersten Mal Linthmais ernten. Die Kolben wurden von Hand eingesammelt und wie früher zusammengebunden und im alten Stall zum Trocknen aufgehängt. Im darauffolgenden Frühjahr konnten die Maiskörner zum ersten Mal zu Linthmais-Mehl gemahlen werden.

Erst beim Kochen realisierten wir, was für ein außergewöhnliches Produkt der Linthmais ist. Er hat einen intensiven Maisgeschmack mit einem feinen Nussaroma. Der alte Linthmais war nun wieder erhältlich.

12 Bauern schlossen sich dem Maisprojekt an und pflanzen seither Linthmais. Die Vermarktung habe ich übernommen.

In drei Regionen in der Schweiz gibt es für das Klima prädestinierte, alte Mais-Varietäten: im Tessin und im Wallis, im Rheintal/Graubünden und in der Linthebene.

Linthmais wird ausschließlich in der Linthebene angebaut und ist GVO-frei. Ich vermehre das Saatgut auf meinem Betrieb. Damit es nicht zu Kreuzungen mit

anderen Maispflanzen in der Gegend kommt, müssen die Felder isoliert sein. Auch bei der Saatgutgewinnung wird jeder Kolben auf Fremdbefruchtung überprüft, so wird die Sortenreinheit dieser alten Landsorte gewährt.

Der Linthmais wird nach IP-Richtlinien angebaut. Bis heute hatten wir noch nie Probleme mit dem Maiszünsler und dem Maiswurzelbohrer. Das ist ein großes Glück. Gedüngt wird mit Mist und mit Stickstoffdünger.

Etwas zur Qualität

Der Linthmais wird als ganzes Korn ungeschält gemahlen. So bleiben sämtliche Vitamine und Mineralstoffe erhalten. Das Maismehl ist ein Vollkornprodukt. Gut erkennbar ist das schwarze Plättchen im Mehl, das sich bildet, sobald das Maiskorn reif ist. Beim herkömmlichen Maismehl wird dieses schwarze Plättchen in der Mühle entfernt. Linthmais-Mehl hat einen höheren Fettanteil als herkömmliches Maismehl, was ihm einen intensiveren Geschmack gibt (bei herkömmlichem Maismehl wird der fetthaltige Keimling entfernt).

Das Linthmais-Mehl wird in einem separaten Kühlraum bei 8 °C gelagert. Das hat insofern einen Einfluss, als die Verkaufszeit nur 4 Monate ist.

Linthmais ist bei den Ostschweizer Culinarium-Produkten gelistet. Die Produkte werden durch eine unabhängige Zertifizierungsstelle überprüft und sind daher garantiert aus der Region und haben einen hohen Qualitätsstandard.

Mein liebstes Maisgericht sind klar die Ribeli und das Maisgold Bier aus der Brauerei Rosengarten in Einsiedeln.

Ilario Garbani, Farina bóna

Ich bin nicht nur Lehrer und Musiker, sondern auch ein großer Fan, wenn es um die Erhaltung von altem Kulturgut geht. Seit meiner Kindheit lebe ich im Onsernonetal im Tessin. Hier wie auch in anderen Tessiner Tälern ernährten sich die Menschen früher mit Farina secca (trockenem Mehl) und Farina verde (grünem Mehl). Für Farina secca wurden die Maiskörner vor dem Mahlen geröstet / getrocknet und das Mehl mit Buchweizenmehl gemischt und zu Fladen gebacken.

Themen aus der Region sind bei den Schülern sehr beliebt. Als wir uns mit der Strohverarbeitung von Roggen im Onsernonetal befassten, sind wir zufällig auf Farina secca gestoßen. Ältere Talbewohner konnten uns mehr darüber erzählen. Wir wollten natürlich auch wissen, wie geröstetes Maismehl schmeckt und rösteten dazu Maiskörner im Ofen. Ein Teil der Körner platzte wie Popcorn, der andere blieb unversehrt. Gemahlen wurden sie zusammen zu einem feinen Mehl, der Farina bóna, die geschmacklich an Popcorn erinnert.

Es blieb nicht beim Schulprojekt (2006). Zu sehr war ich von Farina bóna angetan. Alles begann mit einer Kaffeeröstmaschine. Die Maiskörner beziehe ich seit der Pionierphase bei Paolo Basetti, einem Tessiner Landwirt, der schon seit über 20 Jahren Polentamais anpflanzt. Einige Jahre später ging Farina bóna «public», als das Mehl in der Museummühle in Loco und nun seit kurzem in der restaurierten Mühle in Vergeletto gemahlen wird.

Es kann nur spekuliert werden, weshalb der Polentamais früher geröstet wurde. Geschmack, bessere Haltbarkeit und leichtere Verdaulichkeit sind mögliche Gründe. Geröstetes Maismehl muss man übrigens in der schnellen Küche nur mit Milch oder Rahm anrühren, nach Belieben mit Früchten anreichern, und schon kann man sich zu Tisch setzen.

Farina bóna ist seit 2008 ein Slow-Food-Produkt. Für mich als Förderer der Erhaltung alter Esstraditionen ist das eine schöne Wertschätzung.

Paolo Bassetti,
Agronom und Maisförderer

Nach dem Zweiten Weltkrieg pflanzte im Tessin kaum ein Bauer mehr Mais an. Man glaubt es kaum, dass es vor 20 Jahren eine Pionierleistung war, als ich in der Magadinoebene als Erster Mais anpflanzen ließ.

Wir achten bei der Produktion auf Qualität und Tradition. So werden die Maiskolben ganz geerntet, sortiert und ganz getrocknet. Auch die Körner werden ganz gemahlen, wie es früher üblich war. Das ganze Korn kam in die Mühle, wurde gemahlen und nur die gröbste Kleie ausgesiebt. Alles andere wurde als Maismehl abgepackt. Beim industriellen Mahlverfahren wird ein erheblicher Teil des Korns ausgeschieden und der Ertrag liegt entsprechend zwischen 50 bis 60 %. Unser integrales Mahlverfahren erlaubt es, Keim und Kleie zu verarbeiten. So erzielen wir einen Ertrag von rund 92 %. Mit 100 kg Mais produzieren wir also um die 92 kg Maismehl, als einen Vollkorn-Polentagrieß.

Für Polentamais kommen nur Hartmaissorten infrage. Sie haben im Gegensatz zu den mehligen Maissorten für Futterzwecke Körner mit einer gläsigeren Struktur. Unsere Sortenwahl basierte auf Degustationen und Testvergleichen mit alten Tessiner Polentamaissorten. Der Mais wird nach IP- und Bio-Richtlinien angebaut.

Dank der Initiative von ProSpecieRara konnte auch eine alte, lokale rote Maissorte, die «Rosso del Ticino», gerettet werden. Das war allerdings nur möglich, weil die Organisation bei älteren Tessinern Samen auftreiben konnte. Seit 2004 wird der rote Tessiner Mais in Bio-Qualität angebaut und als Vollkorn-Polenta vermarket.

Polenta oder Maisgrieß oder ... ?

Die Begriffe «Polenta», «Maisgrieß» und «Maismehl» können für Verwirrung sorgen. Je nach Produzent wird das gleiche Produkt anders deklariert.

Ein Beispiel: Auf der Verpackung steht «Farina per Polenta TI». Das Produkt kann für Polenta verwendet werden. In der Verpackung ist kein Maismehl (farina = Mehl), wie man vermuten würde, sondern Polentagrieß.

Ein weiteres Beispiel: Auf einer Verpackung steht «Polenta medium Bramata», was so viel heißt wie mittelfeiner Polentagrieß. Auch der Begriff «Grieß» ist je nach Polentasorte nicht ganz korrekt, wenn man die Definition «Grieß» genau übertragen will. Je nach Mahlgrad ist im Bramata-Mais kein Mehl (wird ausgesiebt) mehr drin. Es handelt sich also ganz klar um einen groben Maisgrieß. Bei «Farina per Polenta» (siehe voriger Abschnitt) ist auch noch der beim Mahlen anfallende Mehlanteil enthalten, weshalb dann von «Farina per Polenta» statt von Grieß gesprochen wird.

Maismehl bleibt ganz klar Maismehl.

In den Rezepten werden folgende Begriffe verwendet:
• Maisgrieß für Polenta, von fein bis grob, rot, schwarz, gelb und weiß
• Maismehl
• Farina bóna (geröstetes Maismehl)
• Linthmais-Ribelimehl

Beim Einkaufen hilft die Deklaration auf der Verpackung. In der Regel findet man hier auch immer die Zubereitungs-möglichkeiten.

Welche Polenta-Sorte man schlussendlich wählt, ist dem Koch / der Köchin überlassen. Dabei spielen persönliche Vorlieben, Raritäten, Farbe und Regionalität sicher auch eine Rolle. Aber im Prinzip kann jeder Maisgrieß für Polenta in den Rezepten durch einen anderen ausgetauscht werden. Das ist das Schöne und Kreative am Kochen.

Polenta-Abc

Maisvielfalt – die Produkte im Bild (Seiten 34–37)

❶ Farina bóna
(Seite 34, links oben)

Anbau Der Mais für das Slow-Food-Produkt wird in der Magadinoebene nach IP-Richtlinien angebaut. Der Bauer erntet die ganzen Maiskolben. Erst vor dem Rösten werden die Körner vom Kolben getrennt. Ähnlich wie Kaffee werden die Maiskörner in der offenen Pfanne über dem Feuer geröstet. Etwelche Körner springen wie Popcorn auf, andere bleiben geschlossen. Für das Mehl eignen sich beide. In einer alten Mühle im Valle Onsernone TI wird aus dem Röstgut feines Mehl.

Güteprädikat Farina bóna kann, muss aber nicht gekocht werden. Das Rösten hat diese Aufgabe übernommen. Gut verdaulich. Eignet sich auch für Milchshakes, Parfaits und Glace.

Geschmack In Geschmack und Geruch erinnert das Mehl an Popcorn.

Verwendung Vor allem für Süßspeisen. Gibt aber auch salzigen Speisen wie Crêpes, Brot, Gnocchi, eine spezielle Geschmacksnote.

Verkauf Slow-Food-Produkt in größeren Coop-Filialen (Regal Slow-Food-Produkte) oder direkt bei www.farinabona.ch

Ersatz Feines Maismehl, erhältlich u. a. in Reformhäusern, Bioläden oder auch bei Großverteilern. Bei Glace, Parfait und Panna cotta gibt es keinen Ersatz, weil Farina bóna «roh» verwendet wird.

Spezielles Zertifikat «glutenfrei»

❷ Maisgrieß für Polenta, weiß
(Seite 34, Mitte oben, im Löffel)

Anbau Eine alte, spezielle weiße Maissorte aus dem Veneto, aus der Maisgrieß für Polenta hergestellt wird. Wie bei allen Slow-Food-Produkten handelt es sich auch hier um eine Sorte, die nur noch in gewissen Gegenden angebaut wird. Ohne Slow Food wäre sie verschwunden. Der Mais wird seit einigen Jahren auch im Tessin wieder angebaut (siehe Maisgrieß für Polenta TI).

Güteprädikat Alte Sorte; weißen Mais gibt es kaum mehr.

Geschmack Subtiler, feiner Polentageschmack

Verwendung Für alle Polentarezepte, auch für Süßspeisen auf Maisgrießbasis

Verkauf Slow-Food-Produkt in größeren Coop-Filialen (Regal Slow-Food-Produkte) oder in Spezialitätenläden mit Slow-Food-Produkten.

❸ Maisgrieß für Polenta, gelb und weiß, TI

(Seite 35, Mitte, zweite Schüssel von rechts)

Anbau Der Mais stammt ausschließlich von Landwirten aus der Magadinoebene und wird nach IP-Richtlinien (integrierte Produktion) und Bio-Richtlinien angebaut (Bio-Suisse-Knospe). Das Erntegut wird nicht auf dem Feld gedroschen, sondern es werden die ganzen Kolben gepflückt.

Produktion Auf einem Sortiertisch wird jeder Kolben geprüft: verschimmelte oder mangelhafte Kolben werden von Hand aussortiert, was eine besonders gute Qualität des Endprodukts gewährleistet. Die Kolben werden zuerst getrocknet (Trocknungskammer) und dann gedroschen.

Die Körner werden zusätzlich gereinigt, um schlecht ausgebildete Körner oder andere Verunreinigungen zu entfernen. Gemahlen werden die Körner in einer kleinen Mühle. Die Menge wird auf die Nachfrage abgestimmt, damit wird garantiert, dass der Maisgrieß stets frisch ist. Es handelt sich bei der Vermahlung um eine Vollkornmahlung und das Endprodukt ist ein Vollkornprodukt, so will es die Tessiner Tradition. Der Polentagrieß wird mahlfrisch ohne jegliche weiteren Zutaten abgepackt und verkauft.

Produkte Je nach Mahlstufe unterscheidet man zwischen feinem, mittelfeinem und grobem Maisgrieß für Polenta. Mittelfeiner Maisgrieß eignet sich für jede Polenta.

Güteprädikat Leicht körnige Konsistenz, nicht breiig

Verkauf In vielen Supermärkten, www.basset-ti.ch

❹ Maisgrieß Valtellina (mit Buchweizen)

(Seite 35, rechts im Bild, angeschnitten)

Anbau Der Mais wird im Veltlin angebaut und dort mit Steinmühlen gemahlen. Der Maisgrieß enthält Anteile von Buchweizengrieß.

Geschmack Kräftiger und aromatischer als herkömmliche Polenta

Verwendung Wie jeder andere Maisgrieß

Verkauf Großverteiler, Spezialitätenläden

❺ Maisgrieß für Polenta, weiß, TI

(Seite 35, unten im Bild, angeschnitten)

Anbau Der weiße Mais ist typisch für gewisse flache Landstriche im Veneto. Er wird seit einigen Jahren auch im Tessin in der Magadinoebene wieder angebaut.

Güteprädikat Seltene Farbe, mit dem Kauf und dem Konsum wird die Sorte erhalten.

Geschmack Mild und sehr delikat

Verwendung Wie jeder Maisgrieß für Polenta. Passt zu Fisch, Geflügel und Gemüse.

Verkauf Coop TI, Terreni alla Maggia (Laden in Ascona und Versand www.terrenialla maggia.ch; auch alle anderen Tessiner Maissorten können hier bezogen werden.

❻ Maisgrieß für Polenta

(Seite 36, links im Bild)

Produkt Typischer handelsüblicher Maisgrieß aus dem Supermarkt (siehe auch Mühleprodukte)

❼ Maismehl

(Seite 36, Mitte oben, im Löffel)

Produkt Aus Maiskörnern gewonnenes feines Mehl. Meist hergestellt aus regionalen Maissorten wie Linthmais.

Verwendung Für Crêpe- und Bliniteig (100 % Maismehl). In den meisten Rezepten wird das Maismehl zu einem bestimmten Prozentsatz mit Dinkel-/Weizenmehl gemischt. Mais ist glutenfrei, enthält also keinen Kleber, und eignet sich deshalb nicht für ein reines Maisbrot.

Vorteile Glutenfrei

Geschmack Sehr neutral, wie Mehl generell

Verkauf Reformhaus, Bioladen, Großverteiler, beim Produzenten wie z. B. Maismühle Tuggen, www.linthmais.ch

⑧ Maisgrieß Corvina

(Seite 37, oben rechts im Bild)

Produkt Die alte schwarze Maissorte «Millo corvo» stammt ursprünglich aus Galizien. In jüngster Zeit wird diese Maissorte auch im Tessin wieder angebaut.

Verwendung Für Polenta, Brot und Kuchen

Güteprädikat Durch das Kochen bekommt der schwarze Maisgrieß eine tolle violette Farbe.

Geschmack Mild, wie jede Polenta

Verwendung Wie jede Polenta, eher breiig

Verkauf Terreni alla Maggia (Laden in Ascona und Versand www.terrenialla maggia.ch; auch alle anderen Tessiner Maissorten können hier bezogen werden.

⑨ Linthmais-Ribelimehl

(Seite 36, Mitte unten)

Anbau Alte Landmaissorte für Ribeli. Wird regional in der Linthebene angebaut.

Verwendung Für Ribeli und für Backwaren

Geschmack Mild, neutral

Verkauf Mühle Tuggen, www.linthmais.ch Siehe auch Porträt Seite 20

⑩ Maisgrieß für Polenta, grob, Bramata (Linthmais)

(Seite 37, rechts, Mitte)

Produkt Grobkörnige Polenta

Güteprädikat Schön für das Auge, für Liebhaber kräftiger Speisen, viel Biss

Geschmack Mild, neutral

Verwendung Für Polenta

Verkauf Mühle Tuggen. Bramata-Mais von andern Produzenten ist breit erhältlich. Siehe auch Porträt Seite 20

⑪ 12-Minuten-Maisgrieß für Polenta

(Seite 37, unten rechts)

Produkt Stammt vom Tessiner Maispionier Paolo Bassetti (siehe auch weißer und gelber Maisgrieß für Polenta TI). Der Maisgrieß wird gekocht und wieder getrocknet.

Vorteil Für den schnellen Haushalt (Zeitersparnis)

Geschmack Mild, für eine schnelle Polenta das Beste, was ich getestet habe.

Verwendung Für jede Polenta

Verkauf Im Tessin bei Coop und Migros, bei Terreni alla Maggia, bei www.basset-ti.ch/ B_Tedesco/D_Partners.htm

Mühleprodukte

Die typischen Mühle-Maisprodukte sind in jedem Lebensmittelladen erhältlich:

Maisgrieß, grob (Bramata)

Grobkörniger Maisgrieß, lange Kochzeit (50 Minuten)
Verwendung Polenta

Maisgrieß, mittel

Mittlere Körnung (Kochzeit etwa 15 Minuten)
Verwendung Polenta, Maispizza, Grieß-köpfchen

Maisgrieß, fein (2-Minuten-Mais)

Sandige Körnung
Verwendung Schnelle Polenta, Suppen

Maismehl

So fein wie herkömmliches Mehl
Verwendung Suppen, Crêpes, Spätzli, Gebäck, Desserts

1 Farina bóna

2 weißer Maisgrieß (Veneto)

Mais-Chips

4 Maisgrieß Valtellina
(mit Buchweizen)

3 Maisgrieß für Polenta, mittelfein

5 weißer Maisgrieß (Tessin)

7 Maismehl

9 Linthmais-Ribelimehl

6 Maisgrieß

8 Maisgrieß Corvina

10 Bramata

11 12-Minuten-Maisgrieß

Rund um die Polenta

Vermutlich gibt es so viele Polenta-Rezepte wie Polenta-Köche, aber eine Grundregel:

Auf 250 g Maisgrieß kommt 1 Liter Flüssigkeit. Das kann Salzwasser, Gemüse-brühe oder Milchwasser sein.

Der Maisgrieß wird in der Regel im Sturz in die kochende Flüssigkeit gerührt, und dann wird die Polenta unter gelegent-lichem Rühren mindestens 50 Minuten – für eine gute Polenta sagen die Tessiner sollten es 90 Minuten sein – bei schwacher Hitze gekocht. Je länger die Polenta gerührt und gekocht wird, desto besser wird sie. Am besten experimentiert man selber und bleibt dann bei seinem Favoriten.

Ob das Polentarühren erfunden wurde, um die Frau an den Herd zu binden, hatte einmal eine Frau an einem Kochkurs gefragt. Ich glaube nicht. An Festen wird die Polenta fast immer von Männern gerührt. Ob sie so fleißig rühren, weil man ihnen zuschaut oder weil es Muskeln gibt? Ich finde, das Rühren einer Polenta ist etwas Mystisches und Schönes, für mich gehört es einfach dazu.

Aperitif und Vorspeisen

Linthmais Tortilla-Chips

- Mais-Chips

Guacamole
- 2 reife Avocados
- 1 Zitrone oder Limette, Saft
- 3 Knoblauchzehen
- ½ TL gemahlener Kreuzkümmel
- 1 Prise Chilipulver oder ½ rote Chilischote, entkernt und klein gewürfelt
- 1 kleine Tomate
- 3 EL fein gehacktes Korianderkraut
- Meersalz

Avocado-Chili-Creme
- 2 große Avocados
- 1 Bio-Zitrone oder -Limette, Saft
- 2 EL Olivenöl
- 1 kleine Zwiebel, zerkleinert
- 1–2 Knoblauchzehen
- 2 Chilischoten, entkernt, zerkleinert
- frisch gemahlener Pfeffer
- 1 Bund Schnittlauch, fein geschnitten

Guacamole

Avocados halbieren, Stein entfernen, Fruchtfleisch mit einem Esslöffel aus der Schale lösen, sofort mit Zitronensaft mischen, mit einer Gabel fein zerdrücken. Die Knoblauchzehen dazupressen, mit Kreuzkümmel und Chilipulver würzen. Tomate schälen, (Seite 67) Stielansatz ausstechen, Tomate klein würfeln. Tomate und Korianderkraut unter die Guacamole rühren, mit Salz abschmecken.

Avocado-Chili-Creme

Avocados halbieren, Stein entfernen, Fruchtfleisch mit einem Esslöffel aus der Schale lösen, sofort mit übrigen Zutaten, ohne Schnittlauch, zu einer Paste mixen. Schnittlauch unterrühren.

Polentaröllchen mit Speck und Salbei

für etwa 20 Häppchen

- 20 Speckscheiben
- 20 Zucchinistreifen
- 20 kleine Salbeiblätter
- Zahnstocher

Füllung

- 250 g Polenta vom Vortag
  (im Bild schwarze Polenta)
- 100 g Ziegen- oder Kuhfrischkäse
  oder Roquefort
- einige Zweige glattblättrige Petersilie,
  Blättchen von Stielen gezupft und
  gehackt
- 1 Bund Schnittlauch, fein geschnitten
- 1 EL Zitronenöl oder
  Olivenöl mit abgeriebener Zitronenschale
- frisch gemahlener Pfeffer

- Olivenöl oder Bratbutter

1. Polenta, Käse, Kräuter und Zitronenöl mischen, mit Pfeffer abschmecken.
2. Aus der Polenta-Käse-Masse mit einem Teelöffel oder mit einem kleinen Glacelöffel Bällchen formen und diese in Speck- und Zuchinistreifen einwickeln, mit einem kleinen Salbeiblatt und mit Zahnstocher fixieren.
3. Häppchen in Olivenöl leicht braten. Lauwarm servieren.

! Tipp

Besonders aromatisch wird die Polenta, wenn man den Salbei durch Zitronenthymian ersetzt.

Crêpes mit Lachs– und Ziegenkäsefüllung

Crêpeteig
- 90 g Maismehl, z. B. Farina bóna, oder je 45 g Mais- und feines Buchweizenmehl
- 3 Eier
- 1 EL Olivenöl
- 2 dl/200 ml Milch
- 1 Msp Meersalz
- ½ TL gehackte Rosmarinnadeln

- Olivenöl, zum Braten

Füllung je Crêpe
- 100 g Ziegen- oder Kuhmilchfrischkäse
- reichlich gehackte Kräuter
- frisch gemahlener Pfeffer

oder

- 4 Scheiben Rauchlachs oder Rohschinken
- frisch gemahlener Pfeffer

1 Mehl, Eier, Öl und Milch glatt rühren, mit Salz und Rosmarinnadeln würzen. 30 Minuten quellen lassen.

2 In einer Bratpfanne in wenig Olivenöl 6 Crêpes braten, sofort aufrollen und auskühlen lassen.

3 Crêpes flach legen und mit Frischkäse bestreichen oder mit Lachs-/ Rohschinkenscheiben belegen und einrollen. In Röllchen schneiden.

! Tipp
Mit Zitronenöl servieren.

Linthmais–Sushi

- 200 g Linthmais-Polenta (Seite 64)

- 10 Stielmangold- oder Krautstielblätter blanchieren, mit kaltem Wasser abschrecken, auf Küchentücher legen und trocken tupfen

1. Polenta zubereiten, etwas abkühlen lassen.
2. Klarsichtfolie(n) auf die Arbeitsfläche legen. Polenta 5 mm dick und 7 cm breit darauf ausstreichen. Mit Mangold-/Krautstielblättern belegen; sie sollen die Polenta allseitig 1 cm überlappen. Mit einer Klarsichtfolie bedecken. Wenden. Klarsichtfolie entfernen. Füllung nach Wahl in Längsrichtung in die Mitte legen. Mit Hilfe der Klarsichtfolie in Längsrichtung satt einrollen.
3. Sushi-Rollen unmittelbar vor dem Servieren mit einem scharfen Messer in etwa 3 cm lange Stücke schneiden.

Füllungen

Gemüse

- **Karotten** schälen, in streichholzfeine Streifen schneiden, blanchieren, mit kaltem Wasser abschrecken
- **Avocado** schälen, halbieren, entsteinen, Fruchtfleisch in Streifen schneiden; mit wenig Zitronensaft beträufeln, damit sich das Fleisch nicht braun verfärbt
- **Grüner Spargel** Ende kappen, sparsam schälen, je nach Dicke längs halbieren oder vierteln

Caprese

- **Fleischtomaten** schälen (Seite 67), Stielansatz ausstechen, Tomate vierteln und entkernen (auch gallertartige Masse entfernen), Fruchtfleisch in Streifen schneiden
- **Büffelmozzarella** (große Kugel) in Streifen schneiden
- **Basilikumblättchen** in Streifen schneiden

Mediterran

- **Zucchini** beidseitig kappen, ganze Frucht längs in Streifen schneiden, blanchieren
- **rote und grüne Peperoni / Gemüse- paprika** halbieren, Stielansatz, Kerne und weiße Rippen entfernen, längs in feine Streifen schneiden; roh verwenden

Fleisch

- **feine Rohschinkenscheiben** in 3 cm breiten Streifen
- **geröstete Rosmarinnadeln** (von der Polenta)
- **fein gehobelter Sbrinz**

Früchte

- **Mangos** schälen, Fruchtfleisch in Streifen vom Stein schneiden
- **Pfirsiche** (aus der Dose), in Streifen schneiden

Tempura

Teig
- 2 Eier
- ½ TL Salz
- 1 dl/100 ml Maisbier
- 2–4 EL Farina bóna oder feines Maismehl

- Salbei, junge Gierschblätter und -blüten, Brennnesselblätter, Pilze, Zucchinischeiben, feine Apfelringe

- Olivenöl oder Bratbutter oder Haselnussöl, zum Braten

- Fleur de Sel

1 Für den Teig Eier, Salz und Maisbier verrühren, Farina bóna zugeben, zu einem glatten Teig rühren. 30 Minuten ruhen lassen.

2 Kräuter, Blüten, Pilze, Gemüse oder Früchte durch den Teig ziehen und in der Bratpfanne im Olivenöl braten. Mit Fleur de Sel servieren.

& Variante
Eier trennen. Eiweiß zu Schnee schlagen und vor Verwendung unter den Teig ziehen.

Polenta-Häppchen

**Polenta für Antipasti –
Grundrezept für 8–12 Häppchen,
je nach Größe der Maisrondellen**

- 6 dl / 600 ml Gemüsebrühe
- 125 g feiner Maisgrieß für Polenta
- ½ EL Olivenöl
- Salz

Gemüsebrühe aufkochen, Maisgrieß
einrieseln lassen und unter gelegentlichem
Rühren 50 Minuten köcheln lassen,
noch warm 5 bis 7 mm hoch auf einem
eingefetteten Blech verstreichen.
Polenta mit Klarsichtfolie zudecken. Über
Nacht stehen lassen. Rondellen ausstechen, auf Platte oder Tellern anrichten.
Maisrondellen beliebig belegen.

Lachs

- 100 g frischer Bio-Lachs oder
  Bio-Rauchlachs, fein geschnitten
- wenig Thymian, fein gehackt,
  oder Pfefferbasilikum, fein geschnitten
- Fleur de Sel
- frisch gemahlener Pfeffer
- Olivenöl

Meerrettich

- 3–4 cm Meerrettich, geschält, fein gerieben
- Crème fraîche
- Salz
- frisch gemahlener Pfeffer

Rindscarpaccio

- rohe, feine Scheiben Rindfleisch
  (1 Scheibe pro Häppchen),
  von Filet oder Huft
- Salz
- frisch gemahlener Pfeffer
- Basilikumblättchen, in Streifen
- Sbrinzlocken
- Olivenöl

Tomaten und Mozzarella

- 8 Cherrytomaten, halbiert oder geviertelt
- 120 g Büffelmozzarella, fein geschnitten
- 4 Basilikumblätter, fein geschnitten
- Olivenöl
- Blüten, für die Garnitur

Avocado-Chili-Creme

- 2 große Avocados, halbiert, entsteint,
  Fruchtfleisch herausgelöst und zerdrückt
- 2 EL Olivenöl
- 1 große Zwiebel, fein gewürfelt
- 1–2 Knoblauchzehen, durchgepresst
- 2 grüne Chilischoten,
  entkernt, klein gewürfelt
- ½ Bio-Zitrone, abgeriebene Schale und Saft
- fein geschnittener Schnittlauch
- frisch gemahlener Pfeffer

Basilikumkruste
(im Ofen kurz überbacken)

- 100 g weiche Butter
- 50 g Basilikum, fein geschnitten
- 50 g Brotbrösel
- frisch gemahlener Pfeffer
- Salz
- Zitronensaft

Zucchini-Käse-Cake

für eine Cakeform von 24 cm Länge

- 100 g feines Maismehl oder
  halb Maismehl / halb Farina bóna
- 80 g Dinkelweißmehl
- 1 Briefchen Backpulver
- 1 Prise Meersalz
- frisch gemahlener Pfeffer
- 100 g geriebener Gruyère
- 100 g geriebener Sbrinz
- 3 Eier
- 1 dl / 100 ml Milch
- 100 g flüssige Butter oder Olivenöl
- 250 g Zucchini
- 1 Handvoll fein geschnittene Kräuter,
  z. B. Basilikum und Oregano

1. Mehle, Backpulver, Salz, Pfeffer und Käse mischen.
2. Zucchini beidseitig kappen und ungeschält auf der Bircherraffel reiben. Ausdrücken.
3. Eier, Milch und Butter verrühren.
4. Zucchini, Eierguss und Kräuter unter den Mehl-Käse-Mix rühren. In die mit Butter eingefettete Cakeform füllen.
5. Zucchini-Käse-Cake in der Mitte des auf 180 °C vorgeheizten Ofens etwa 50 Minuten backen. Nadelprobe machen. Kalt oder lauwarm servieren.

Glutenfrei
120 g Maismehl und 50 g Maisstärke

Maismuffins mit Speck

für 12 Stück

- 200 g Maismehl
- ½ l Milch
- 150 g Dinkelweiß- oder -ruchmehl
- 1 Briefchen Backpulver
- 1 TL Meersalz
- 1 TL gehackte, frische Kräuter wie Rosmarin und Oregano oder getrocknete Kräuter (z. B. Pizzamischung)
- 1 kleine Chilischote, entkernt, klein gewürfelt (Brunoise)
- 150 g Speck- (knusprig gebraten) oder Bündnerfleischwürfelchen
- 100 g Butter oder Olivenöl
- 1 EL Honig
- 2 Eier
- 80 g geriebener Gruyère oder Sbrinz
- 80 g Zuckermaiskörner, nach Belieben

1. Maismehl in eine Teigschüssel geben, 4 dl/400 ml Milch aufkochen und darübergießen, zugedeckt 30 Minuten quellen lassen.
2. Dinkelmehl, Backpulver, Gewürze und Chili mischen.
3. Butter und Honig in einem Pfännchen schmelzen.
4. Maismehl, restliche Milch sowie Eier verrühren, übrige Zutaten mit Käse und Maiskörnern unterrühren. In die Muffinförmchen füllen.
5. Maismuffins in der Mitte in den auf 200 °C vorgeheizten Ofen schieben und 15 bis 20 Minuten backen.

& Variante

Für süße Muffins Käse, Speck und Gewürze durch 150 g klein gewürfelte Dörrfrüchte ersetzen, mit Vanillepulver und Zimt abschmecken.

Mais-Kürbis-Suppe

- 2 EL Olivenöl oder Butter
  oder Haselnussöl
- 1 kleine Zwiebel oder Schalotte,
  fein gewürfelt
- wenig Lauch, nur weiße Teile
- 300 g Kürbis, z. B. Potimarron
- 50 g feiner Maisgrieß für Polenta
- 1 l Gemüse- oder Hühnerbrühe
- 1 dl / 100 ml Rahm / Sahne oder Kokosmilch
- frisch gemahlener Pfeffer
- Meersalz
- 1 Zweig Bohnenkraut,
  Blättchen abgezupft und fein geschnitten
- wenig Peperoncino,
  entkernt, klein gewürfelt, nach Belieben
- Pfefferbasilikum oder Thai-Basilikum,
  fein geschnitten

1 Kürbis entkernen und schälen, in Würfelchen schneiden. Beim Lauch grobfasrige Blätter entfernen, Stange längs halbieren und in Streifen schneiden.

2 Zwiebeln im Öl andünsten, Lauch und Kürbis mitdünsten, Maisgrieß mitdünsten, mit Gemüsebrühe ablöschen, etwa 30 Minuten köcheln lassen. Suppe pürieren.

3 Suppe mit Rahm aufkochen, mit Salz und Pfeffer würzen, kurz köcheln lassen. Kräuter und Peperoncino zugeben.

! Tipp

Mit Maisbrot (Seite 59) servieren.

Maisbrot

für 1 Cakeform von 28 cm Länge

- 100 g feines Maismehl
- 500 g Dinkelweißmehl
- 2 TL Meersalz
- 1 Würfel Bio-Hefe
- 1 EL Olivenöl
- ca. 4½ dl / 450 ml Wasser

1 Mehle und Salz in der Teigschüssel der Küchenmaschine mischen, eine Vertiefung drücken. Zerbröckelte Hefe in die Vertiefung geben und mit wenig Wasser glatt rühren. Olivenöl und restliches Wasser zugeben, verrühren und kneten, bis der Teig zusammenhält. Das dauert rund 15 Minuten. Je nach Konsistenz noch etwas Mehl dazugeben. Teig nochmals kneten, in die eingefettete Cakeform füllen.

2 Maisbrot in der Mitte in den auf 200 °C vorgeheizten Ofen schieben und etwa 30 Minuten backen. Nadelprobe machen.

‼ Wichtig

Der Teig kann nicht von Hand geknetet werden, er ist zu feucht. Diese Feuchtigkeit braucht es für ein feines, luftiges Brot.

Hauptgerichte

Polenta – Grundrezept

für 6 Personen

- 2 l Salzwasser (1 TL Salz) oder Gemüsebrühe
- 500 g feiner bis grober Maisgrieß für Polenta
- 100 g Butter

Die Hälfte des Salzwassers aufkochen, 350 g Maisgrieß im Sturz dazugeben und unter Rühren 15 Minuten köcheln lassen. Restlichen Maisgrieß unterrühren. Restliches Salzwasser in den nächsten 60 Minuten (so lange dauert die Garzeit) immer wieder in Portionen von 1½ dl / 150 ml (1 Suppenschöpflöffel) zugeben, Polenta häufig rühren. Butter 15 Minuten vor Ende der Garzeit zugeben.

» Zum Rezept

Es handelt sich um die klassische Zubereitung auf dem Feuer. Die Polenta wird auf einem Holzbrett serviert und mit einem Faden geschnitten.

& Varianten

Das Verhältnis Wasser / Maisgrieß ist von Rezept zu Rezept verschieden. Je nach gewünschter Konsistenz braucht es mehr oder weniger Maisgrieß. Ein Teil kann durch Buchweizen- oder Roggenmehl ersetzt werden.

Polenta für Eilige

- 1,1 l Salzwasser (¾ TL Salz) oder Gemüsebrühe
- 280 g 12-Minuten- oder 5-Minuten-Maisgrieß für Polenta
- Salz
- wenig Butter oder Olivenöl
- Käse, nach Belieben

Salzwasser aufkochen, Maisgrieß im Sturz zugeben, unter gelegentlichem Rühren gemäß Anleitung auf Verpackung köcheln lassen. Mit Butter und Käse verfeinern.

Linthmais-Polenta

- 1–2 EL Olivenöl oder Butter
- 1 kleine Zwiebel, klein gewürfelt
- 250 g Linthmais-Grieß
- 1 l Gemüsebrühe
- 1 Lorbeerblatt
- 60 g Butter
- 2–3 Rosmarinzweige

1. Zwiebeln im Olivenöl glasig dünsten, Polentagrieß mitdünsten, mit Gemüsebrühe ablöschen, Lorbeerblatt beigeben, aufkochen, Polenta bei schwacher Hitze 30 bis 35 Minuten köcheln lassen. Lorbeerblatt entfernen.
2. Polenta im vorgeheizten Ofen bei 120 °C 30 bis 40 Minuten quellen lassen.
3. Butter mit Rosmarin erhitzen, auf der ausgeschalteten Wärmequelle zugedeckt rund 10 Minuten ziehen lassen. Rosmarinzweige entfernen.
4. Rosmarinbutter unter die Polenta rühren, mit Kräutersalz abschmecken.

Gratinierte Maisgnocchi

- ¾ l Salzwasser (½ TL Salz)
- 200 g feiner Maisgrieß für Polenta

Guss
- 2 Eier
- 2 dl / 200 ml Milch
- 100 g geriebener Sbrinz
- 2 EL fein gehackte Kräuter: Thymian, Salbei, Petersilie
- Salz
- frisch gemahlener Pfeffer

1. Salzwasser aufkochen, Maisgrieß im Sturz dazugeben und unter gelegentlichem Rühren 40 bis 50 Minuten köcheln lassen.
2. Polenta auf einem nassen Brett oder auf einem Blech 5 mm dick ausstreichen und erkalten lassen. In Vierecke schneiden oder Rondellen ausstechen und in eine eingefettete Gratinform schichten.
3. Für den Guss Eier, Milch, Sbrinz und Kräuter verrühren, würzen und über die Maisgnocchi gießen.
4. Maisgnocchi im vorgeheizten Ofen bei 175 °C 30 bis 35 Minuten überbacken.

! Tipp

Mit einem Salat servieren.

Polenta mit Tessiner Schweinswurst

für 4–6 Personen

- 1,8 l Salzwasser (1 TL Salz) oder
  Gemüse- oder Geflügelbrühe
- 400 g grober Maisgrieß für Polenta

Wurstragout
- 3 EL Bratbutter oder Olivenöl
- 400 g Luganighette /
  Tessiner Schweinsbratwurst
- 1 große Zwiebel, klein gewürfelt
- 2 Knoblauchzehen, klein gewürfelt
- 1 dl/100 ml Weißwein oder
  Pilzeinweichwasser
- 1 TL Rosmarinnadeln
- wenig Thymian und Salbei, gehackt
- 1 Lorbeerblatt
- 600 g Pelati aus der Dose,
  Stielansatz entfernt, zerkleinert oder
  600 g frische Tomaten, geschält,
  Stielansatz entfernt, gewürfelt
- 160 g frische Steinpilze, in Streifen, oder
  30 g getrocknete Steinpilze, eingeweicht
- 2 EL gehackte glattblättrige Petersilie

1. Salzwasser aufkochen, Maisgrieß im Sturz dazugeben und unter gelegentlichem Rühren 50 Minuten oder länger köcheln lassen.
2. Luganighette in etwa 3 cm lange Stücke schneiden, in heißer Bratbutter mit Zwiebeln und Knoblauch etwa 8 Minuten braten, mit Weißwein ablöschen, Kräuter, Lorbeerblatt und Tomaten zugeben, 45 Minuten zugedeckt köcheln lassen. Steinpilze und Petersilie 5 bis 8 Minuten vor Ende der Garzeit zugeben.

! Tomaten schälen
Tomaten an der Spitze kreuzweise einschneiden, in einer Lochkelle in kochendes Wasser tauchen, bis sich die Haut löst. Tomaten unter kaltem Wasser abschrecken, schälen. Feste Haut: mit Sparschäler schälen.

Polenta mit Pilzragout und Gorgonzola

- 1 Rezeptmenge Polenta (Seite 63; im Bild ist eine weiße Polenta, es eignen sich aber auch rote und schwarze Polenta)
- Olivenöl oder Bratbutter
- 1 mittelgroße Zwiebel, klein gewürfelt
- 400 g gemischte Pilze, ganz, halbiert, in Streifen oder gewürfelt
- reichlich fein gehackte Petersilie
- 200 g Gorgonzola
- Meersalz
- frisch gemahlener Pfeffer

- gehobelter Sbrinz

1 Zwiebeln im Olivenöl 5 Minuten dünsten, Pilze und Petersilie zugeben und schmoren, bis die Pilze zusammenfallen. Gorgonzola unterrühren und schmelzen, mit Pfeffer und Salz abschmecken.

2 Heiße Polenta mit dem Eisportionierer portionieren, anrichten und mit Pilzragout umgeben, mit Sbrinz bestreuen.

Gnocchi mit Salbei

- 1 kg mehligkochende Kartoffeln
- 100 g Farina bóna oder Maismehl
- 100 g Dinkelweißmehl
- Salz
- frisch gemahlener Pfeffer

- Butterflocken

- reichlich Butter
- 1 Salbeisträußchen
- geriebener Sbrinz

1 Kartoffeln in der Schale im Dampf weich kochen, noch heiß schälen und durch das Passevite drehen oder mit einer Gabel fein zerdrücken, mit Mehlen mischen, mit Salz und Pfeffer würzen, zu einem Teig zusammenfügen. Aus dem Teig fingerdicke Rollen formen und diese in 2 cm lange Stücke schneiden. Den Gnocchi die typische Form geben, indem man sie mit dem Finger gegen die Rückseite einer Raffel drückt. Auf ein bemehltes Küchentuch legen.

2 Reichlich Salzwasser aufkochen, Gnocchi portionsweise in das kochende Salzwasser geben. Wenn sie an die Oberfläche steigen, mit einem Schaumlöffel herausnehmen. In eine eingefettete Gratinform verteilen, mit Butterflocken belegen. Warm stellen.

3 Salbeiblättchen von den Stielen zupfen, in der Butter braten. Über die Gnocchi verteilen. Sbrinz separat servieren.

Maisgratin mit Tomaten und Zucchini

- Reste von Polenta, 400–500 g
- 2 Zucchini
- 6 Tomaten
- 2 Knoblauchzehen, klein gewürfelt
- 1 Handvoll Basilikumblättchen, in Streifen
- Salz
- frisch gemahlener Pfeffer
- 4 EL Olivenöl
- geriebener Sbrinz oder Gruyère

1. Polenta in eine eingefettete Gratinform geben und gleichmäßig verstreichen.
2. Zucchini beidseitig kappen, in Scheiben schneiden. Tomaten schälen (Seite 67) Stielansatz ausstechen, Tomaten in Scheiben schneiden.
3. Zucchini- und Tomatenscheiben auf der Polenta verteilen. Mit Knoblauch und Basilikum bestreuen, würzen, mit Olivenöl beträufeln und mit Käse bestreuen.
4. Maisgratin im vorgeheizten Backofen bei 175 °C rund 20 Minuten backen.

Maispizza mit Sommergemüse

für 2 runde Pizzas

- ¾ l Salzwasser (1 TL Salz) oder Gemüsebrühe
- 200 g feines Maisgrieß für Polenta, evtl. 12 Minuten-Maisgrieß
- Butter oder Olivenöl

Belag
- 2 EL Tomatensauce (Seite 87) oder einige Cherrytomaten
- 1 Zucchino
- je 1 kleiner roter und gelber Peperoni/ Gemüsepaprika
- 2 EL Olivenöl
- einige Knoblauchzehen, nach Belieben
- 1 große rote oder weiße Zwiebel, in Ringen
- schwarze Oliven
- Oregano oder Basilikum
- frisch gemahlener Pfeffer
- Kräutersalz
- geriebener Sbrinz oder zerpflückter Mozzarella

- Olivenöl, zum Beträufeln
- Basilikum

1. Salzwasser aufkochen, Maisgrieß im Sturz dazugeben und unter gelegentlichem Rühren 40 bis 50 Minuten köcheln lassen.
2. Polenta auf den mit Butter oder Öl eingefetteten Backblechen fingerdick verstreichen. Mit Folie zudecken, Polenta erkalten lassen.
3. Zucchino beidseitig kappen, in feine Scheiben schneiden oder hobeln. Peperoni entstielen (Deckel abschneiden), entkernen, Früchte in Ringe schneiden, im Olivenöl kurz braten, erkalten lassen.
4. Pizzas mit Tomatensauce bestreichen (frische Tomaten nach dem Backen darauflegen), mit Gemüse und Oliven belegen. Mit Kräutern, Salz und Pfeffer würzen, Sbrinz darüberstreuen.
5. Pizzas im vorgeheizten Backofen bei 220 °C 12 bis 15 Minuten backen. Mit Olivenöl beträufeln. Zerpflückten Basilikum darüberstreuen.

❗ Tipps
Die Maispizza schmeckt auch kalt sehr fein. Kuhmozzarella mitbacken, Büffelmozzarella über die gebackene Pizza verteilen.

Mais-Ribeli

- 500 g Linthmais-Ribelimehl
- ½ l Milchwasser (halb Milch / halb Wasser)
- 1 TL Salz
- 50–100 g Butter

1 Ribelimehl in eine Schüssel geben. Milchwasser aufkochen, darübergießen und unterrühren. Salz unterrühren. Zu einem glatten Teig rühren. Mindestens 3 Stunden zugedeckt stehen lassen.

2 Etwas Butter in einer Bratpfanne erhitzen, Maismasse zugeben, bei nicht zu starker Hitze rösten, häufig rühren. Butter nach und nach zugeben und während 20 Minuten «ribeln», bis sich goldbraune Krümelchen bilden.

! Tipp

Ribeli heiß servieren. Nach Belieben mit Zucker bestreuen, sehr fein sind sie auch mit Zwetschgenkompott, Joghurt oder Crème fraîche. Mit Milchkaffee genießen.

Maisspätzli

Teig
- 150 g Farina bóna oder Maismehl
- 250 g Weizenmehl
- 1 TL Salz
- 4 Eier
- 2 dl / 200 ml Milch
- 1 EL Olivenöl

- 2 EL Olivenöl
- 100 g Speckstreifen
- 1 kleine Zwiebel, klein gewürfelt
- 150 g Champignons, in Scheiben
- abgezupfter Thymian

- 50 g geriebener Sbrinz

1. Mehle, Salz, Eier, Milch und Öl zu einem Teig rühren, weiterrühren, bis er Blasen wirft. Teig zugedeckt 30 Minuten quellen lassen.

2. Reichlich Salzwasser aufkochen. Teig in Portionen durch das Spätzli- / Knöpflisieb ins kochende Wasser streichen. Spätzli an die Oberfläche steigen lassen, mit Schaumlöffel herausnehmen, unter kaltem Wasser abschrecken.

3. Speck im Öl anbraten, Zwiebeln und Pilze zugeben und unter Rühren dünsten, Thymian unterrühren. In eine Schüssel füllen.

4. Spätzli in der Pilzpfanne in wenig Olivenöl braten, Speck-Pilz-Mischung zugeben, mischen. Käse separat servieren.

Polentapizza mit Speck und Gorgonzola

für 1 Backblech von 28–30 cm Durchmesser

- 1 l Gemüsebrühe
- 250 g mittelfeiner weißer oder gelber Maisgrieß für Polenta

Belag
- 2–3 Tomaten, in Scheiben
- 2 mittelgroße Zwiebeln, in feinen Streifen
- 130 g Speckscheiben
- 1 TL gehackte Rosmarinnadeln oder fein gehackter Salbei und Thymian
- 150 g Gorgonzola, gewürfelt
- frisch gemahlener Pfeffer
- Olivenöl, zum Beträufeln

1 Gemüsebrühe aufkochen, Polenta einrieseln lassen, unter gelegentlichem Rühren 1 Stunde köcheln lassen. Oder die Polenta im Dampfkochtopf 30 Minuten kochen und rund 30 Minuten ausquellen lassen. Polenta auf dem mit Backpapier belegten Blech verstreichen.

2 Backofen auf 230 °C vorheizen.

3 Maisboden mit Tomaten, Zwiebeln, Speck, Kräutern und Gorgonzola belegen, mit Pfeffer würzen und mit Olivenöl beträufeln.

4 Pizza in der Mitte in den Ofen schieben, bei 230 °C 15 bis 20 Minuten backen.

❶ Tipp
Für Antipasti die Menge halbieren.

Maisgrieß–Auflauf mit Peperoni

- 160 g feiner Maisgrieß für Polenta
- ½ TL Backpulver
- 1 TL Kräutermeersalz
- 2 Eier
- 75 g flüssige Butter oder Olivenöl
- 8 dl / 800 ml Gemüsebrühe
- 1 EL Olivenöl
- 2 Peperoni / Gemüsepaprika
- 250 g Maiskörner aus Glas oder Dose oder frisch
- 1 Peperoncino, entkernt, klein gewürfelt, nach Belieben
- 200 g geriebener Gruyère
- Muskatnuss
- frisch gemahlener Pfeffer

1. Maisgrieß, Backpulver und Salz mischen. Eier, Butter und Gemüsebrühe unterrühren.
2. Peperoni halbieren, Stielansatz, Kerne und weiße Rippen entfernen, Schotenhälften in Würfelchen schneiden, im Olivenöl kurz dünsten.
3. Peperoni, Maiskörner, Peperoncino und Gruyère unter den Maisgrieß rühren, würzen. In eine eingefettete Gratinform füllen.
4. Maisgrieß-Auflauf im vorgeheizten Ofen bei 200 °C rund 40 Minuten backen.

Polenta-Flammkuchen mit Ziegenfrischkäse

für 1 großes, rechteckiges Blech

- 1 l Gemüsebrühe
- 250 g mittelfeiner weißer oder gelber Maisgrieß für Polenta oder 12-Minuten-Maisgrieß

- 1 Becher Crème fraîche
- 2 Ziegenfrischkäse, 200 g
- 100 g Speckwürfelchen, nach Belieben
- 1 große rote Zwiebel, in feinen Ringen
- 6–8 Cherrytomaten
- frisch gemahlener Pfeffer
- Salz
- Rosmarinnadeln und Thymian oder Wildkräuter, fein gehackt
- 2 EL Olivenöl

1. Gemüsebrühe aufkochen, Polenta einrieseln lassen, unter gelegentlichem Rühren 1 Stunde köcheln lassen. Oder die Polenta im Dampfkochtopf 30 Minuten kochen, 30 Minuten ausquellen lassen. Polenta auf einem mit Backpapier belegten Blech gleichmäßig verstreichen. Erkalten lassen.
2. Backofen auf 220 °C vorheizen.
3. Crème fraîche gleichmäßig auf der Polenta verstreichen. Frischkäse darüberbröseln, mit Speckwürfelchen, Zwiebeln und halbierten Cherrytomaten belegen, mit Pfeffer, Salz, Kräutern und Olivenöl würzen.
4. Flammkuchen im vorgeheizten Backofen bei 220 °C 15 bis 20 Minuten backen.

! Tipp

Für Antipasti die Menge halbieren.

Ribel-Gemüsekuchen

für 4–6 Personen
für 1 Blech von 26 cm Durchmesser

- 300 g Kuchenteig, 3 mm dick

- ½ l Wasser
- 10 g Salz
- 100 g Linthmais-Ribelimehl
- 2 Eigelbe
- 100 g Crème fraîche
- 150 g grob geriebener Käse,
  Appenzeller oder Gruyère
- 2 EL Öl
- 100 g Champignons, in Scheiben
- 200 g gemischtes Saisongemüse,
  klein geschnitten
- 2 Eiweiß

1 Wasser mit Salz aufkochen, Ribelimehl einrieseln lassen, bei schwacher Hitze 15 Minuten köcheln, auskühlen lassen. Eigelbe, Crème fraîche und Käse unterrühren.

2 Champignons und Gemüse im Öl andünsten, auskühlen lassen. Unter den Ribelmais mischen.

3 Eiweiß zu Schnee schlagen und unter die Füllung ziehen.

4 Teig in das eingefettete Blech legen. Die Füllung auf dem Teigboden verteilen.

5 Ribel-Gemüsekuchen im vorgeheizten Ofen bei 200 °C rund 25 Minuten backen.

! Tipp

Am liebsten habe ich den Kuchen mit Dinkelteig. Pilzmenge eventuell erhöhen oder Pilze ganz weglassen. Das Rezept stammt von einer Studentin, die einen Ernährunglehrgang besucht hat.

Linthmais-Eintopf

- 500 g Rindsragout
- 2 große Zwiebeln
- 2 Knoblauchzehen
- 160 g Karotten
- 1 Tasse Linthmais-Grieß
- ca. 1 TL Chilipulver,
  je nach gewünschter Schärfe oder
  1 EL Paprikapulver
- 1 l Fleischbrühe

1. Zwiebeln grob und Knoblauchzehen fein hacken. Karotten schälen und grob würfeln.
2. Alle Zutaten in einen Kochtopf geben, und aufkochen, Eintopf bei schwacher Hitze 2 bis 3 Stunden köcheln lassen. Flüssigkeitsstand kontrollieren. Eventuell Wasser nachgießen.

Polenta-Bratlinge mit Bündnerfleisch

- 400 g gekochte Polenta,
  z. B. Reste von roter Polenta oder
  Polenta nach Wahl
- 50 g Bündnerfleisch oder
  Speck oder Rohschinken,
  klein gewürfelt
- 6 in Olivenöl eingelegte Dörrtomaten,
  fein gewürfelt
- 1 Bund Schnittlauch, fein geschnitten,
  oder
  1 Handvoll abgezupfte Basilikumblättchen
  oder Petersilie, fein gehackt
- Salz
- frisch gemahlener Pfeffer

- Salbeiblätter
- Olivenöl oder Bratbutter, zum Braten

1 Zutaten für die Bratlinge gut mischen, mit Salz und Pfeffer würzen. Bratlinge formen.

2 Bratlinge und Salbeiblätter im Olivenöl braten.

& Variante

Dörrtomaten durch gehackte schwarze Oliven ersetzen oder diese zu den Bratlingen servieren.

Polenta-Moussaka

- 1,2 l Gemüsebrühe
- 300 g mittelfeiner weißer oder gelber Maisgrieß für Polenta oder 12-Minuten-Maisgrieß

Tomatensauce
- 2 EL Olivenöl
- 1 mittelgroße Zwiebel, fein gewürfelt
- 1 Knoblauchzehe, fein gewürfelt
- ½ Spross Stangensellerie, in feinen Scheiben
- 400 g Pelati aus der Dose oder frische, geschälte, gehackte Tomaten
- Kräutersalz
- frisch gemahlener Pfeffer

- 350 g Auberginen
- Olivenöl, zum Braten

- 130 g Bergkäse oder Alpkäse oder Gruyère, gerieben
- 180 g Feta, gewürfelt

1. Gemüsebrühe aufkochen, Maisgrieß einrieseln lassen, unter gelegentlichem Rühren 40 bis 50 Minuten köcheln lassen. Polenta in eine eingefettete Gratinform füllen, glatt streichen. Über Nacht stehen lassen.

2. Für die Tomatensauce Zwiebeln, Knoblauch und Stangensellerie im Öl andünsten, Pelati zugeben, Tomatensauce 20 bis 30 Minuten köcheln lassen, würzen.

3. Auberginen beidseitig kappen, in Scheiben schneiden, mit Salz bestreuen, auf ein Backblech legen und Flüssigkeit ziehen lassen, Auberginenscheiben mit Halshaltpapier trocken tupfen.

4. Polenta mit Tomatensauce bestreichen. Auberginenscheiben darauflegen, mit der restlichen Tomatensauce überziehen, mit Bergkäse bestreuen, Feta darauf verteilen.

5. Polenta-Moussaka im vorgeheizten Ofen bei 220 °C rund 30 Minuten backen.

Thai-Curry mit violetter Polenta

- 7 dl / 700 ml Gemüsebrühe
- 250 g schwarzer Maisgrieß für Polenta oder beliebiger Maisgrieß

Curry
- 4 dl / 400 ml Kokosnussmilch
- 1 TL Grüne Currypaste
- 2 Kaffirlimettenblätter, in Streifen
- 1 kleine rote Chilischote, entkernt und klein gewürfelt
- 1 TL Sardellenpaste
- 1 TL Maisstärke oder Pfeilwurzmehl
- 2–3 kleine Auberginen
- 200 g Pouletbrust, gewürfelt
- 150 g frischer Lachs, gewürfelt
- 4 Riesenkrevetten
- fein geschnittene Minze oder Thai-Basilikum

1. Gemüsebrühe aufkochen, Maisgrieß einrieseln lassen, unter gelegentlichem Rühren 40 bis 50 Minuten köcheln lassen.

2. Auberginen beidseitig kappen und in Scheiben oder Würfel schneiden.

3. Kokosnussmilch mit Gewürzen, Sardellenpaste und Maisstärke aufkochen, Auberginen zugeben, 15 Minuten köcheln lassen. Poulet, Lachs und Riesenkrevetten zugeben, etwa 5 Minuten ziehen lassen, mit Kräutern garnieren. Polenta separat servieren.

Pizza Pugliese

für 2 große, viereckige Pizzas

- 300 g Dinkelweißmehl
- 100 g Farina bóna oder Maismehl
- 1 TL Meersalz
- 20 g Bio-Hefe
- 2 dl / 200 ml lauwarmes Wasser
- 2 EL Olivenöl

Belag
- 400–500 g rote Zwiebeln, in feinen Steifen / Ringen
- 150 g geriebener Sbrinz
- frisch gemahlener Pfeffer
- wenig Meersalz
- 4 EL Olivenöl
- 2 EL fein gehackte Rosmarinnadeln oder fein gehackter Thymian

1 Für den Pizzateig Mehle und Salz in einer Teigschüssel mischen, eine Vertiefung drücken. Hefe und die Hälfte Wasser in die Vertiefung geben, so viel Mehl unterrühren, dass ein Teiglein entsteht, 15 Minuten ruhen lassen. Restliche Zutaten zugeben, einen glatten, elastischen Teig kneten. Pizzateig zugedeckt auf das doppelte Volumen aufgehen lassen.

2 Backofen auf 220 °C vorheizen.

3 Pizzateig halbieren und rechteckig ausrollen, auf 2 mit Backpapier belegte Bleche legen. Zwiebeln schälen und in sehr feine Scheiben schneiden / hobeln, auf den Teig verteilen, mit Sbrinz bestreuen, mit Pfeffer, Salz, Olivenöl und Kräutern würzen.

4 Pizzas im vorgeheizten Ofen bei 220 °C 15 bis 18 Minuten backen. Den Backvorgang überwachen, damit der Sbrinz nicht verbrennt.

Linthmais-Capuns

für 5–6 Personen

Teig
- 350 g Weißmehl
- 250 g Maismehl
- 2 dl / 200 ml Milchwasser
  (halb Milch / halb Wasser)
- 6 Eier
- 1 TL Salz
- 1 EL Olivenöl oder Rapsöl
- 200 g Rohschinken oder
  Landrauchschinken, fein gewürfelt
- 2 Landjäger, fein gewürfelt
- 1 Bund Petersilie,
  Blättchen von den Stielen gezupft
  und gehackt
- 2 EL gehackte gemischte Kräuter:
  Liebstöckel, Salbei, Rosmarin usw.
- 1 EL Mehl

- 2 Bund Krautstiele oder Stielmangold

- reichlich geriebener Käse

weiße Sauce
- 3 dl / 300 ml Rahm / Sahne
- 1 dl / 100 ml Weißwein
- Kräutersalz
- Muskatnuss
- frisch gemahlener Pfeffer

① Für den Teig Zutaten inklusive Olivenöl in eine Schüssel geben und zu einem glatten Teig rühren. Weiterrühren, bis der Teig Blasen wirft. 60 Minuten zugedeckt quellen lassen. Schinken Landjäger, Kräuter und Mehl mischen, unter den Teig rühren.

② Das Kraut der Krautstiele abschneiden und die Stiele in Streifen schneiden. In einer großen Pfanne im Salzwasser knapp weich kochen, mit einem Schaumlöffel herausnehmen und zur Seite stellen.

③ Alle Zutaten für die Rahmsauce aufkochen, einige Minuten köcheln lassen.

④ Teig esslöffelweise in das kochende Wasser geben, Hitze reduzieren, ziehen lassen, bis die Capuns an die Oberfläche steigen. Lagenweise mit Krautstielen und geriebenem Käse in eine Schüssel schichten. Mit der Rahmsauce übergießen.

& Eingepackte Variante

Große Krautstielblätter halbieren, Mangoldblätter entstielen. Teig esslöffelweise auf das Kraut geben und einrollen, mit Zahnstocher fixieren.

Maiscrêpes mit Tomaten und Büffelmozzarella

Teig

- 90 g feines Maismehl
- ½ TL Meersalz
- 3 Eier
- 2½ dl/250 ml Milch oder helles Bier
- 1 EL Olivenöl
- 1 TL fein gehackte Kräuter: Thymian, Rosmarin, Salbei, Oregano

- Olivenöl, zum Braten

- 3–4 Cherrytomaten, je Crêpe
- 200 g Büffelmozzarella
- fein geschnittenes Basilikum
- grob gemahlener Pfeffer

1. Für den Teig Mehl und Salz mischen, Eier, Milch und Olivenöl zugeben, zu einem Teig rühren, Kräuter zugeben. 30 Minuten ruhen lassen.
2. Aus dem Teig in einer Bratpfanne 4 Crêpes braten, warm halten.
3. Tomaten halbieren, in der Crêpepfanne kurz dünsten, mit dem Mozzarella auf die warmen Crêpes verteilen, mit Basilikum und Pfeffer abschmecken, Crêpe darüberschlagen.

Pikante Apfelküchlein

- 140 g feines Maismehl oder
  halb Maismehl / halb Farina bóna
- 40 g Maisstärke oder Weizenweißmehl
- 1 Prise Meersalz
- 1 Prise frisch gemahlener Pfeffer
- 2 Eier, getrennt
- 2½ dl / 250 ml vergorener Süßmost
  oder Bier
- 2 TL Olivenöl
- 4 Salbeiblättchen, in feinen Streifen
- 50 g Hobelfleisch, klein gewürfelt

- 4 Boskop

- Olivenöl oder Bratbutter oder
  Haselnussöl, zum Frittieren

1. Für den Teig Mehl, Maisstärke, Salz und Pfeffer mischen, Eigelbe, vergorenen Süßmost und Olivenöl zugeben, zu einem glatten Teig rühren. 30 Minuten ruhen lassen. Salbei und Hobelfleisch unterrühren. Eiweiß zu Schnee schlagen und unterheben.
2. Boskop schälen, Kerngehäuse ausstechen, Äpfel in Scheiben schneiden.
3. Apfelringe im Teig wenden und im Olivenöl frittieren. Den Teig immer wieder gut rühren, sonst bleibt das Hobelfleisch auf dem Boden.

& Variante

Für süße Apfelküchlein Salbei durch Zitronenmelisse oder Verveine ersetzen und Hobelfleisch weglassen.

Feine Maisschnitten mit Kräutern

für 1 kleines viereckiges Backblech

- 100 g feiner Maisgrieß für Polenta
- ½ l Milch
- 1 TL Meersalz
- 1 Prise Pfeffer
- 100 g flüssige Butter oder 80 g Olivenöl
- 2 Eier
- gehackte Kräuter: Rosmarin, Thymian, Salbei, Oregano oder Pizzamischung
- 3 EL Sbrinz

1 Maisgrieß und Milch mit Gewürzen unter Rühren aufkochen und bei schwacher Hitze zu einem Brei einkochen. Abkühlen lassen. Butter, Eier und Kräuter verquirlen, unter den Maisbrei mischen.

2 Maisbrei in das eingefettete Backblech füllen und glatt streichen. Käse darüberstreuen.

3 Maisschnitten im vorgeheizten Ofen bei 180 °C 30 bis 40 Minuten backen. Nadelprobe machen.

Mais-Chapatis und Guacamole

für 2 Personen

- 90 g feines Maismehl
- 2 Eier
- ca. 1½ dl / 150 ml Milch
- 2 EL Olivenöl
- ½ TL Meersalz
- 20 g gepuffter Amarant (Bioladen)

- schwarzes Sesamöl oder Olivenöl, zum Braten
- schwarze Sesamsamen

Guacamole
- 1 reife Avocado
- 1 Fleischtomate
- 1 kleine Zwiebel
- 1 Handvoll glattblättrige Petersilie oder Basilikum
- ½ Zitrone, Saft
- 2 EL Olivenöl

1. Für die Chapatis Maismehl, Eier, Milch, Olivenöl und Salz glatt rühren, 30 Minuten ruhen lassen. Gepufften Amarant unterrühren.

2. In einer Bratpfanne wenig Sesamöl erwärmen, Teig mit einem Schöpflöffel portionieren und kleine Chapatis braten, vor dem Wenden mit schwarzen Sesamsamen bestreuen. Auskühlen lassen.

3. Für die Guacamole Avocado halbieren, Stein entfernen, Fruchtfleisch aus der Schale lösen. Tomate an der Spitze über Kreuz einschneiden, in einem Schaumlöffel in kochendes Wasser tauchen, bis sich die Haut löst, Tomate schälen, Stielansatz ausstechen, Tomaten vierteln und entkernen. Alle Zutaten zu einer Paste mixen.

4. Guacamole auf die Chapatis verteilen, einschlagen und mit einem Zahnstocher fixieren. Sofort servieren.

Desserts

Beeren mit Knusper-Honig-Kruste

für 4 Portionenförmchen

- 500 g gemischte Beeren,
  z. B. Himbeeren und Heidelbeeren oder
  tiefgekühlte Waldbeerenmischung
- wenig flüssige Butter, für die Förmchen

Kruste
- 60 g feiner Maisgrieß
- 1 Prise Zimtpulver
- ½ Bio-Orange, abgeriebene Schale
- 3 EL flüssige Butter
- 10 grob gehackte Baum-/Walnüsse
- 3 EL Akazienblütenhonig
- 2–3 EL Milch

1 Förmchen mit Butter einfetten und Beeren darin verteilen.

2 Für die Kruste alle Zutaten mischen und 1 Stunde stehen lassen. Über die Beeren krümeln.

3 Beeren im vorgeheizten Ofen bei 200 °C 15 bis 20 Minuten überbacken. Die Kruste sollte leicht knusprig sein. Warm servieren.

& Variante

Statt Beeren kann man auch Aprikosen oder Zwetschgen verwenden, diese müssen aber zuerst mit ein wenig Honig und Butter im Ofen etwa 10 Minuten vorgegart werden, damit sie weich werden.

Süße Maisomelettes

- 140 g Maismehl oder Farina bóna oder halb Maismehl / halb Farina bóna
- 1 EL Weißmehl
- 2 dl / 200 ml warme Milch
- 2 Eier
- 1 EL flüssige Butter
- 1 EL Zucker
- 1 Prise Salz

- Bratbutter

1 Alle Zutaten zu einem glatten Teig rühren. Mindestens 30 Minuten quellen lassen.

2 In einer Bratpfanne in wenig Butter 4 Omelettes braten.

❗ Tipp

Omelettes mit Fruchtkompott oder Beeren und halb steif geschlagenem Rahm füllen.

Panna cotta

für 4 Portionenförmchen

- 3 dl / 300 ml Rahm / Sahne
- 100 g Crème double
- 4 TL Akazienhonig
- 1 EL Farina bóna
- ½ TL Vanillepulver
- 2 g Agar-Agar-Pulver (Reformhaus)

- 2–4 Passionsfrüchte

1 Alle Zutaten in der Pfanne mit Schnee-besen oder Stabmixer verrühren, erhitzen und 2 bis 3 Minuten köcheln, damit das Agar-Agar bindet.

2 Panna-cotta-Masse in ausgespülte Glasförmchen füllen. Über Nacht fest werden lassen.

3 Panna-cotta-Köpfchen in tiefe Teller stürzen, mit den Passionsfruchtsamen umgeben.

& Variante

Für die Sauce Traubenbeeren halbieren und entkernen, mit wenig Honig erwärmen, mit Grand Marnier abrunden. Oder die Köpfchen mit frischen Beeren umgeben. Oder die Passionsfrüchte ganz oder teilweise durch Granatäpfel ersetzen und mit fein geschnittener Minze oder Zitronenverveine abrunden.

Maisgrießköpfli mit Beeren

für 4 Portionenförmchen

- 1½ dl / 150 ml Milch
- 1½ dl / 150 ml Rahm / Sahne
- 40 g feiner Maisgrieß (kein Polentagrieß), erhältlich im Reformhaus / Bioladen
- 2 EL Akazienblütenhonig
- ½ TL Vanillepulver oder 1 TL Vanillezucker

- 4 Portionen Beeren: Johannisbeeren, Heidelbeeren, Erdbeeren, Himbeeren usw.

1 Alle Zutaten unter Rühren aufkochen, köcheln lassen, bis die Maiscreme bindet. In die mit kaltem Wasser ausgespülten Förmchen füllen. Maisgrießköpfli abkühlen lassen. 4 Stunden kühl stellen.

2 Maisgrießköpfli auf Teller stürzen. Mit Beeren umgeben.

! Tipp

Mit Schlagrahm garnieren oder Schlagrahm separat servieren.

Farina-bóna-Glace

(Abbildung)

für ½ l Glace

- 3½ dl / 350 ml Milch
- 1¼ dl / 125 ml Rahm / Sahne
- 100 g Zucker
- 1 Eigelb, nach Belieben
- 35 g Farina bóna

1 Alle Zutaten verrühren, 1 Stunde in den Kühlschrank stellen.

2 Flüssigkeit in die laufende Eismaschine gießen, Glace 25 Minuten gefrieren. Je nach gewünschter Konsistenz im Tiefkühler nachgefrieren.

! Tipp

Glace mit Feigenkompott servieren.

Coconella-Pralinen

- 2 EL Bio-Kokosnussfett
- 1–2 EL Kakaopulver
- flüssiger Honig, nach Belieben
- Vanillepulver
- 50 g Farina bóna

- geriebene Schokolade oder Kakaopulver

1 Zutaten im Cutter zusammenfügen. Kühl stellen.

2 Aus der Masse Bällchen formen und in geriebener Schokolade oder Kakaopulver wenden, in Pralinenförmchen legen. Kühl stellen und als Praline servieren.

Schokoladen-Ribeli-Kokos-Kuchen

**für 1 Springform von
20 cm Durchmesser**

- 100 g zimmerwarme Butter
- 100 g Rohrohrzucker
- 3 Eier, Zimmertemperatur
- 1½ dl/150 ml Kokosnussmilch
- 100 g Linthmais-Ribelimehl
  oder Maismehl
- 50 g Maisstärke
- 1 Briefchen Backpulver
- 2 EL Kakaopulver
- 2 EL Kokosraspel
- 100 g Zartbitter-Schokoladen-
  würfelchen

Glasur
- 100 g Zartbitter-Schokolade
- ½ dl/50 ml Rahm/Sahne
- Schokoladenlocken

❶ Boden der Springform mit Backpapier belegen. Rand der Form mit
Butter einfetten.

❷ Butter und Zucker luftig-cremig
aufschlagen, Eier zugeben und rühren,
bis der Teig hell ist. Kokosmilch
unterrühren. Ribelimehl, Maisstärke,
Backpulver und Kakaopulver
mischen, in Portionen unterrühren.
Schokolade und Kokos untermischen.
Teig in die vorbereitete Form füllen.

❸ Schokoladenkuchen in der unteren
Hälfte im vorgeheizten Ofen bei 220 °C
(Ober- und Unterhitze) oder 200 °C
(Umluft) etwa 15 Minuten backen, bis der
Teig schön aufgegangen ist. Hitze
reduzieren auf 180 °C/160 °C und weitere
20 Minuten backen. Im Ofen auskühlen lassen. Ring entfernen. Kuchen
auf eine Platte stürzen.

❹ Für die Glasur zerbröckelte Schokolade
mit Rahm in ein Schüsselchen geben
und im Wasserbad bei schwacher Hitze
schmelzen. Auf den Kuchen gießen,
Glasur durch Bewegen gleichmäßig verteilen. Fest werden lassen. Mit Schoko-
locken bestreuen.

» **Zum Rezept**
Der Schokoladenkuchen ist glutenfrei.

Süße Maismuffins

für 8 Förmchen

- 125 g weiche Butter
- 125 g Rohrohr- oder Kokosblütenzucker
- 1 EL Vanillezucker
- 2 Eier
- 100 g feines Maismehl oder Farina bóna
- 30 g Maisstärke
- 1 TL Trockenhefe

- weiche Butter, für die Förmchen

1 Backofen auf 180 °C vorheizen.

2 Butter, Zucker und Vanillezucker cremig-luftig aufschlagen, Eier zugeben und kurz weiterschlagen, restliche Zutaten unterrühren. Teig in die Muffinförmchen füllen.

3 Maismuffins in der Mitte in den Ofen schieben und bei 180 °C etwa 20 Minuten backen. Nadelprobe machen.

» Zum Rezept

Die Muffins sind sehr fein und mürbe. Frisch schmecken sie am besten.

Butterguetzli

- 2 Eier
- 200 g zimmerwarme Butter
- 200 g Rohrohrzucker
- 100 g Farina bóna
- 100 g Weißmehl

1 Eier, Butter und Zucker verrühren, Mehle mischen und zugeben, von Hand zu einem glatten Teig zusammenfügen. In Klarsichtfolie einwickeln und einige Stunden kühl stellen.

2 Teig portionsweise auf leicht bemehlter Arbeitsfläche 4 mm dick ausrollen, beliebige Figuren ausstechen. Auf ein mit Backpapier belegtes Blech legen.

3 Guetzli in der Mitte des vorgeheizten Ofens bei 200 °C 10 Minuten backen.

& **Spitzbuben**

Bei der Hälfte der Guetzli eine kleine Rondelle ausstechen. Nach dem Backen in die Mitte der ganzen Rondelle ein wenig Konfitüre geben, Guetzliringe mit Puderzucker bestäuben und darauflegen.

Mais-Apfel-Kuchen

**für 1 kleine runde Form oder
1 kleine Cakeform**

- 3 Eier
- 170 g feiner Rohrohrzucker oder Honig
- 150 g flüssige Butter oder Haselnussöl
- 1 EL Weinbeeren, 30 Minuten eingeweicht
- 200 g Äpfel
- 100 g feines Maismehl oder Farina bóna
- 80 g Dinkelweißmehl
- ½ Briefchen Backpulver
- ½ TL Zimtpulver oder
  1 Prise Vanillepulver
- 60 g Baum-/Walnüsse, grob gehackt

1 Mehle, Backpulver und Zimtpulver mischen.

2 Eier und Zucker in der Küchenmaschine luftig-cremig rühren. Butter und Weinbeeren zugeben. Äpfel mit Schale auf Bircherraffel dazureiben und unterrühren. Mehl in Portionen unterrühren. Nüsse zufügen. Teig in die mit Butter eingefettete Form füllen.

3 Form in der Mitte in den auf 180 °C vorgeheizten Ofen schieben, Kuchen etwa 50 Minuten backen. Nadelprobe machen.

❗ Tipp
Kuchen nach Belieben mit Puderzucker bestreuen und eventuell mit Schlagrahm servieren.

Linthmais-Guetzli

- 60 g zimmerwarme Butter
- 180 g feiner Rohrohrzucker
- 1–2 kleine Eier
- 125 g feine Haferflocken
- 120 g feines Maismehl,
  evtl. 40 g Farina bóna und
  80 g weißes oder gelbes Maismehl
- 120 g Maisstärke
- 50 g gemahlene Hasel- oder
  Baum-/Walnüsse
- 1 TL Vanillezucker oder
  ¼ TL Bourbonvanille
- ½ Briefchen Backpulver
- 1,2 dl/120 ml Rahm/Sahne

1 Butter und Zucker luftig-cremig rühren, Eier zugeben und kurz weiterrühren. Übrige Zutaten nach und nach zugeben und zu einem Teig zusammenfügen.

2 Teig mit einem kleinen Eisportionierer portionieren, Kugeln mit genügend Abstand auf ein mit Backpapier belegtes Blech legen.

3 Linthmais-Guetzli in der Mitte in den Ofen schieben und bei 180 °C 12 Minuten backen.

4 Guetzli auf dem Blech abkühlen lassen.

Süßes Milchmaisbrot

für 2 Brote

- 75 g Butter
- 2½ dl / 250 ml Milch
- 1 Beutel Trockenhefe oder
  1 Würfel Bio-Frischhefe
- 1 Ei
- 50 g Zucker oder
  2 EL Akazienblütenhonig
- 100 g Farina bóna oder Maismehl
- 400 g Weißmehl
- 2 TL Meersalz

1 Butter und Milch schwach erwärmen, bis die Butter geschmolzen ist, Hefe darin auflösen.

2 In einer Teigschüssel Ei und Zucker gut verrühren, Hefemilch unterrühren. Mehl, Farina bóna und Salz zugeben, zusammenfügen und kneten, bis der Teig glatt und elastisch ist. Schüssel mit einem feuchten Tuch zudecken. Teig bei Zimmertemperatur auf das doppelte Volumen aufgehen lassen.

3 Teig nochmals kneten. In zwei Portionen teilen, längliche Laibe formen, auf ein mit Backpapier belegtes Blech legen. Weitere 20 bis 30 Minuten zugedeckt gehen lassen. Oberfläche mit scharfem Messer rautenförmig einschneiden.

4 Maismilchbrote im vorgeheizten Ofen bei 200 °C etwa 40 Minuten backen.

❗ Tipp

Brötchen vor dem Backen 30 Minuten kühl stellen, sie verlieren dann beim Backen weniger die Form. Oder das Brot in einer Form backen.

Himbeermuffins

für 20 Stück

- 200 g Farina bóna oder Maismehl
- 400 g Dinkelruchmehl
- 2 Eier, getrennt
- 150 g Puderzucker
- 1 Bio-Zitrone, abgeriebene Schale
- 1 Briefchen Backpulver
- 50 g flüssige Butter
- 1 EL Kakaopulver
- 3 dl / 300 ml Milch
- 250 g tiefgefrorene Himbeeren

1 Farina bóna, Dinkelmehl, Eigelbe, Zucker, Zitronenschale und Backpulver glatt rühren. Butter, Kakaopulver und Milch unterrühren.

2 Eiweiß zu Schnee schlagen und unter den Teig heben. Zum Schluss Himbeeren untermischen.

3 Die eingefetteten Muffinförmchen bis auf drei Viertel Höhe mit dem Teig füllen.

4 Himbeermuffins im vorgeheizten Ofen bei 180 °C 25 Minuten backen. Nadelprobe machen.

Maisplätzchen

für 2 Personen

- 200 g feines Maismehl
- 75 g Zucker
- 1 Briefchen Vanillezucker
- 1 Prise Meersalz
- 1–2 Bio-Orangen,
  abgeriebene Schale von einer Frucht
  und 6–7 EL Saft
- 100 g Zartbitter-Schokolade, gerieben
- 100 g weiche Butter
- 1 Ei

1 Alle Zutaten zu einem Teig kneten. Den Teig im Kühlschrank etwa 1 Stunde zugedeckt ruhen lassen.

2 Backofen auf 180 °C vorheizen.

3 Teig 2 bis 3 mm dick ausrollen und beliebige Formen ausstechen, auf ein mit Backpapier belegtes Blech legen.

4 Maisplätzchen in der Mitte in den Ofen schieben und bei 180 °C 12 bis 15 Minuten backen.

Register

Linthmais-Produkte

- Ribelimehl –
  Vollkorn Maismehl, traditionell
- Maismehl spezial –
  feines Maismehl, Vollkorn
- Maismehl gelb –
  entsteht bei der Herstellung von
  Maisgriess, glutenfrei
- Maisgriess, gelb mittel –
  findet auch Verwendung für Maisgold
- Polenta Grotto –
  3 Maisgriesse in unterschiedlicher
  Körnung
- Bramata –
  Vollkorn Linthmais Griess
- Polenta Mischungen von
  Imex Delikatessen aus Lachen SZ mit
  Steinpilzen, Tomaten, Gemüse,
  Rustica (Gewürzmischung)
- Maisy –
  Likör aus Maisgold und Maisbrand
- Liwhinthsky –
  Getreidebrand aus Gerste und Linthmais,
  hergestellt im Whisky-Verfahren,
  erhältlich mit 2 und 8 Jahren Fasslagerung

Chrütli-Polenta im Tüächli

- Ausgezeichnet mit einer Goldmedaille
  und dem Prix d'Excellence am Schweizer
  Wettbewerb der Regionalprodukte
  2009/10

- Eine spezielle Trockenmischung der
  Landolt Hauser Gewürzmühle Näfels
  zusammen mit Linthmais. Die Chrütli-
  Polenta wird im Baumwollsäcklein
  gekocht, daher ist für die Zubereitung
  kein aufwändiges Rühren nötig.
  Konfektioniert in der Behinderten
  Stiftung Balm in Rapperswil.

Maisgold

- Die leichte und bekömmliche Bier Spezia-
  lität mit dem besonderen Geschmack.
- Gebraut mit Linthmais in der Brauerei
  Rosengarten, Einsiedeln

Linthmais Tortilla Chips

- Durch das schonende Kochen entfaltet
  der Mais seinen einzigartigen Geschmack.
  Hergestellt aus sonnengereiftem
  Linthmais, in Öl frittiert und mit einer
  Salzmischung gewürzt. Ein wahrer
  Genuss und bestens geeignet als Apéro,
  zu Grilladen oder zum Dippen.

Bezugsquellen finden Sie im Internet oder
in unserm Shop unter **www.linthmais.ch**

Bruhin-Mühle – regionale Spezialitäten
Mühle, 8856 Tuggen
Tel: 055 445 23 75, Email: info@linthmais.ch